LA LIBRAIRIE

DE

L'UNIVERSITÉ D'ORLÉANS

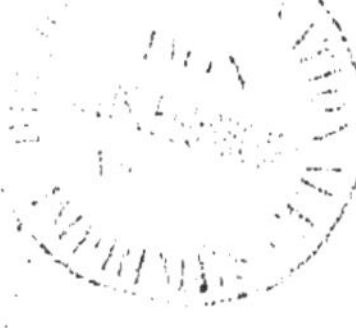

PAR

L. JARRY

MEMBRE DE LA SOCIÉTÉ ARCHÉOLOGIQUE DE L'ORLÉANAIS.

ORLÉANS
H. HERLUISON, LIBRAIRE-ÉDITEUR
17, RUE JEANNE-D'ARC, 17

1873

LA LIBRAIRIE

DE

L'UNIVERSITÉ D'ORLÉANS

(Extrait du tome XII des Mémoires de la Société archéologique de l'Orléanais.)

ORLÉANS, IMPRIMERIE DE GEORGES JACOB, CLOITRE SAINT-ÉTIENNE, 4.

LA LIBRAIRIE

DE

L'UNIVERSITÉ D'ORLÉANS

PAR

L. JARRY

MEMBRE DE LA SOCIÉTÉ ARCHÉOLOGIQUE DE L'ORLÉANAIS.

ORLÉANS

H. HERLUISON, LIBRAIRE-ÉDITEUR

17, RUE JEANNE-D'ARC, 17

1873

LA LIBRAIRIE

DE

L'UNIVERSITÉ D'ORLÉANS

Le mot Librairie, que le langage moderne remplace, dans plusieurs de ses acceptions, par celui de bibliothèque, a conservé jusqu'au XVIe siècle le double sens de collection de livres et de bâtiment destiné à recevoir des livres.

Cette notice a pour objet l'étude de la Librairie de l'Université d'Orléans sous ces deux formes, c'est-à-dire : rechercher d'abord comment fut constituée la collection de livres ou bibliothèque de l'Université d'Orléans ; ensuite éclaircir la question de savoir quel fut vraisemblablement le fondateur de l'édifice connu jusqu'à nos jours sous le nom de Librairie de l'Université, autrement salle des Thèses.

I

LES LIVRES DE L'UNIVERSITÉ D'ORLÉANS.

L'Université d'Orléans succédait immmédiatement aux Grandes-Écoles de Sainte-Croix. Fondée en 1305 et définitivement constituée en 1312 (1), elle dut offrir, à un cer-

(1) E. BIMBENET, *Histoire de l'Université d'Orléans.*

tain moment, aux membres qui la composaient, les moyens de travail nécessaires à l'enseignement et à l'étude du droit, tels qu'on les comprenait alors. Elle devait posséder un certain nombre de manuscrits reproduisant les textes et les commentaires de droit civil et canon, que, du haut de leur chaire, les professeurs *lisaient* le matin et *répétaient* le soir à la foule d'étudiants assidus à leurs cours. Les livres étaient rares et chers. Le temps employé à copier les manuscrits pouvait être plus utilement consacré à les étudier et à se bien pénétrer de leurs enseignements. Une semblable mesure eût donc procuré aux écoliers une sérieuse économie de temps et d'argent.

L'Université devait en outre fournir un local où ses manuscrits, facilement consultés, mais feuilletés souvent par des mains légères et inexpérimentées, resteraient sous la garde d'un conservateur dont la surveillance sévère empêchât les dégradations et prévînt toute tentative de larcin.

De pareilles considérations, qui semblent presque banales aujourd'hui, devaient au contraire s'imposer vivement à l'esprit des personnes que préoccupaient au moyen âge les questions d'enseignement, durant les siècles qui précèdent l'avènement de l'imprimerie. Aussi voit-on de tous côtés se former des bibliothèques, non seulement dans les grands couvents et les églises cathédrales, mais encore dans les abbayes de médiocre importance où se dispensait l'instruction, à un degré quelconque. La plus grande difficulté était alors d'emprunter des manuscrits provenant d'institutions plus riches ou plus anciennes. Dans les couvents, ils étaient copiés par les frères auxquels l'abbé donnait les permissions nécessaires pour ce travail, lorsqu'il n'était pas imposé par les prescriptions de la règle elle-même. C'est un des motifs pour lesquels les bibliothèques religieuses furent fondées les premières.

Les mêmes facilités ne s'offraient pas aux Universités. Il leur fallait acheter de leurs propres deniers les manuscrits indispensables et compter, pour leur augmentation, sur les dons des anciens étudiants et docteurs, en souvenir de l'instruction qu'ils y avaient reçue ou donnée. Ces bibliothèques ne pouvaient donc se fonder qu'avec une certaine difficulté et s'accroître qu'avec lenteur.

Cependant le grand mouvement intellectuel qui entraîne, aux XIVe et XVe siècles, les esprits vers l'étude et l'enseignement, favorise la fondation, dans les universités, les colléges, et même dans quelques villes, de bibliothèques accessibles à un public plus ou moins nombreux.

L'Université d'Orléans, récemment instituée, ne semble pas avoir eu de bibliothèque au XIVe siècle. On ne trouve, même dans les auteurs spéciaux, aucun renseignement indiquant qu'elle ait possédé, à cette époque, un fonds quelconque de livres de droit (1).

Nous avons été assez heureux pour retrouver, et nous publions ici le plus ancien document connu concernant la bibliothèque de l'Université d'Orléans. On en saisira l'importance dès les premières lignes.

C'est le testament du cardinal Amédée de Salnces, en date du 19 juin 1419 (2). Nous raconterons plus loin la vie de ce prélat. Contentons-nous de dire ici que, parvenu aux plus hautes dignités ecclésiastiques, il se souvint de l'Université à laquelle il devait peut-être, comme tant

(1) Les savants auteurs de l'*Histoire littéraire de la France*, dans le tome XXIV, parlent des livres que possédaient, au XIVe siècle, plusieurs universités. Pour celle d'Orléans, ils ne connaissent que la bibliothèque de la nation germanique, fondée, comme l'on sait, en 1565. Cet anachronisme est loin d'être défavorable à la thèse que nous soutenons.

(2) Il mourut le 28 juin de la même année.

d'autres, son élévation et paya généreusement sa dette, ainsi qu'il résulte des clauses suivantes de son testament (1) :

« Attendu que nous avons autrefois ordonné qu'une Librairie fût faite à Orléans, et que nous y avons déjà envoyé plusieurs livres, à ce point qu'elle est presque complète en livres de droit ; cependant craignant, à cause du trouble qui, hélas ! a maintenant cours en France, que ceux de l'Université d'Avignon ne puissent accomplir ce qu'ils s'étaient proposé, et ne voulant pas être déçu dans notre projet de disposer de nos livres pour la plus grande utilité des étudiants pauvres, nous voulons dans l'Université d'Avignon, où nous avons reçu le degré de baccalauréat, commencer quelque chose de profitable, de telle sorte que ce qui se trouvera imparfait dans une librairie sera complet dans l'autre. Nous donnons à l'Université d'Avignon, pour y commencer une librairie, tout notre *Corpus juris civilis*, qui est en un volume, plus vingt-huit livres avec leurs tables colligés par Mgr Gilles de Bellemère (2), évêque d'Avignon ; plus Geoffroy de Salinac (?), en sept volumes sur l'Infortiat ; plus la première Bible que nous ayons eue ; plus les concordances de la Bible.

« Quant aux autres livres de droit canonique ou civil que nous aurons au temps de notre mort, nous voulons qu'ils restent à ladite Librairie d'Orléans. De plus, nous donnons à ladite Librairie d'Orléans tous les livres que nous avons en deux caisses *in anico* (ou *avico*) (3), et nous donnons aussi à la même Université d'Orléans la dette qu'a contractée envers nous l'abbé de Saint-Benoît-sur-Loire, pour acheter d'autres livres qui seront

(1) Cette traduction, aussi exacte que possible, des clauses favorables aux universités d'Orléans et d'Avignon, sera suffisante pour la première partie de cette notice. Pour la seconde, dans laquelle certains passages du testament sont discutés, on devra recourir au texte latin, imprimé à la fin du travail comme pièce justificative.

(2) Gilles de Bellemère fut évêque d'Avignon depuis août 1390 jusqu'en 1406.

(3) Voir la note p. 49.

placés dans notre Librairie au lieu des livres que nous donnons ci-dessus à ladite Université d'Avignon.

« *Item*, nous léguons à l'office du camérariat du collége des cardinaux, dont nous sommes titulaire, le grand livre des Conciles et un autre petit livre pareillement des Conciles, écrit sur papier ; *item*, un livre de cens que nous avons acheté des exécuteurs testamentaires de Mgr de Præneste, avec l'abrégé des taxes, par le même ; *item*, le grand livre des cérémonies, écrit sur parchemin, et des livres de cérémonies, écrits sur papier ; *item*, le livre des réglements et ordonnances qu'on observait pendant toute l'année, au temps du pape Innocent VI ; *item*, le rational de la messe papale ; *item*, le procès de Pise avec les témoignages contre Pierre de Lune (1) et Ange de Corario (2), tous deux en contestation pour le pouvoir pontifical ; ces livres sont conservés dans la librairie par nous formée à Avignon : de cette façon, le collége (des cardinaux) pourra en prendre copie quand besoin sera.

« Nous défendons qu'aucun de nos livres soit vendu ; mais ceux qui ne sont pas légués par nous seront divisés entre les librairies d'Avignon et d'Orléans ; pour tous nos autres biens mobiliers restant, nous ordonnons et nous voulons qu'ils soient divisés en trois parts : une part sera pour les étudiants et les librairies d'Orléans et d'Avignon ; la seconde pour les religieux ; la troisième pour marier de pauvres jeunes filles, pour aider des étudiants pauvres, ou pour secourir d'autres personnes nécessiteuses, comme il paraîtra le plus profitable.... »

A cette dernière clause, il faut en ajouter une autre, un peu longue et diffuse, qu'il suffira de résumer ici. Le cardinal avait des droits sur le château de Saint-Laurent-en-Viennois, alors occupé par le célèbre Le Meingre de Boucicaut ; il consacre une somme importante au rachat de ce

(1) Benoît XIII.
(2) Grégoire XII.

château et ordonne que, suivant l'événement, la somme destinée au rachat ou celle produite par la vente du château racheté sera employée à divers legs, et le surplus de l'argent divisé en trois parts, comme il est dit ci-dessus pour tous les autres biens meubles.

En examinant avec soin le texte, en comparant entre elles les diverses phrases, on se pénètre de l'idée et des intentions du testateur. Autrefois le cardinal avait ordonné qu'une librairie fût faite à Orléans (1). Il avait conçu le projet bien évident, manifesté par un commencement d'exécution, de donner à l'Université d'Orléans sa bibliothèque. A cet effet, il avait envoyé dans cette ville un certain nombre de volumes qui formaient déjà une série de livres de droit presque complète. Mais les guerres intestines éclatent en France ; le contre-coup s'en fait probablement sentir à Avignon, et rend impossible la réalisation des plans adoptés par l'Université de cette dernière ville. Que voulait-elle faire? Évidemment constituer une librairie ; car le prélat, dominé toujours par son but principal d'être surtout utile aux étudiants pauvres par le don de ses livres, modifie ses premières résolutions en présence des événements et pose à Avignon les bases d'une bibliothèque pour laquelle il réserve un certain nombre de volumes choisis avec un soin et un discernement qui manifestent son désir de parer aux nécessités les plus pressantes. Sa dette une fois payée envers Avignon, le cardinal revient à son projet favori ; mais comme ces livres ont été détournés de leur destination primitive, soit engagement de conscience ou bien conséquence d'un contrat antérieur, il croit devoir une sorte d'indemnité à l'Université d'Orléans et lui lègue une somme

(1) Je réserve cette phrase pour l'étudier dans la seconde partie du mémoire.

destinée à acheter d'autres livres qui seront placés dans sa librairie, au lieu de ceux qui sont légués à l'Université d'Avignon. Il regarde donc cette dette de l'abbé de Saint-Benoît comme équivalant au prix des livres de droit réservés à l'Université d'Avignon.

Malgré cette restriction, la part faite à Orléans reste encore fort belle, puisqu'elle se compose des volumes envoyés du vivant du cardinal, de *deux caisses pleines* de livres, de tous les ouvrages de droit civil et canon autres que ceux légués à l'Université d'Avignon, et de la moitié des livres qui ne concernent pas le droit. Ajoutons le legs *de la dette de l'abbé de Saint-Benoît-sur-Loire* pour acheter d'autres livres et le tiers (le sixième seulement pour la bibliothèque) des biens meubles non légués par le cardinal, avec l'accroissement qui pouvait survenir par le fait du château de Saint-Laurent-en-Viennois.

La bibliothèque de l'Université d'Orléans est donc constituée au commencement du XVe siècle, grâce aux libéralités du cardinal Amédée de Saluces. Il en est le fondateur, et l'on ne peut croire, à moins de preuve contraire, qu'il ait seulement ajouté à un fonds déjà existant, puisqu'il l'appelle avec un légitime orgueil : *nostra libraria*.

Ce qui caractérise particulièrement la générosité du cardinal, c'est le but pour lequel la librairie est fondée, c'est l'intention de venir en aide aux étudiants pauvres. Nous sommes donc en présence de la première bibliothèque publique instituée à Orléans, d'une bibliothèque particulièrement utile à tous les membres de notre Université. On peut apprécier l'immense service rendu par le cardinal à l'enseignement et à l'étude du droit.

Cette bibliothèque de l'Université subsistait encore au milieu du XVe siècle, comme le constate une cédule du

18 mars 1445 par laquelle Charles, duc d'Orléans (1), reconnaît avoir emprunté de l'Université d'Orléans trois manuscrits des œuvres de Pétrarque et de Boccace, avec promesse de les restituer dans le délai d'un an, après qu'il les aura fait copier (2).

Depuis lors on ne retrouve aucune trace de la bibliothèque de l'Université, ou du moins les quelques renseignements qui se rencontrent semblent des preuves répétées de son abandon. Chose singulière! elle disparaît au moment de prendre évidemment un développement considérable par la découverte de l'imprimerie. Elle avait pourtant bien encore sa raison d'être, puisque les premiers livres imprimés, tirés à petit nombre, et, par conséquent, d'une grande rareté, se vendent d'abord aussi cher que les manuscrits et restent longtemps inaccessibles à la modeste bourse d'un étudiant.

Les registres de procure de la nation germanique qui ont survécu à tous les autres ne font aucune allusion directe à cette bibliothèque. C'est seulement en 1565 qu'ils nous renseignent sur celle que créent les Allemands pour l'usage exclusif des étudiants de leur nation. La bibliothèque publique d'Orléans contient un certain nombre de livres ayant appartenu jadis à celle des Allemands; aucun de ses manuscrits ne semble au contraire provenir de l'ancienne librairie de l'Université.

Le P. Jacob, ayant eu connaissance du testament du

(1) Nous avons publié pour la première fois, et annoté ce curieux document, dans un mémoire intitulé : *Le Châtelet d'Orléans au XVe siècle et la librairie de Charles d'Orléans en 1455* (t. XII des *Mémoires de la Société archéologique de l'Orléanais*).

(2) Ces trois manuscrits pouvaient bien faire partie des volumes autres que ceux de droit, divisés par le cardinal de Saluces entre les librairies d'Orléans et d'Avignon.

cardinal de Saluces, jugea le fait assez important pour lui consacrer un article particulier dans son *Traïté des plus belles bibliothèques* (1).

Il le rapporte dans ces termes exacts, quoiqu'un peu concis : « Amédée, cardinal de Saluces, témoigna l'affection qu'il portoit à l'Université d'Orléans par l'érection qu'il fit d'une *magnifique bibliothèque* commune pour l'usage de ceux de cette Université (2). »

C'est du reste le seul auteur, croyons-nous, qui ait mentionné cette fondation. On observera qu'il garde le silence le plus complet sur l'état de la bibliothèque de l'Université au moment où il écrit, tandis qu'il donne quelques détails, dans le texte et dans un appendice, sur beaucoup d'autres collections orléanaises qui n'offraient certainement qu'un médiocre intérêt, circonstance qui n'est pas à dédaigner, puisqu'elle montre le Père Jacob parfaitement renseigné sur les bibliothèques d'Orléans, probablement par un érudit de cette ville.

On s'étonnera du silence du Père Jacob sur l'état de cette *magnifique bibliothèque,* si l'on interprète ces mots dans le sens d'une collection de livres. Ils s'expliquent parfaitement, au contraire, s'ils désignent le bâtiment même de la Librairie. Invoquons à ce sujet un témoignage contemporain du Père Jacob.

(1) Paris, 1644, in-8°, p. 685.

(2) Cette assertion du P. Jacob nous semble pleinement corroborée par le testament du cardinal de Saluces. Les deux documents constatent la fondation, par ce personnage, d'une librairie ou bibliothèque. Or, si l'on ne veut pas regarder cette phrase du testament : *Cum alias ordinaverimus fieri quamdam librariam Aurelianis,* comme la preuve de la fondation de la salle des Thèses par le cardinal, on doit l'entendre par la fondation d'une collection de livres, surtout lorsque l'on sait que l'Université n'en avait pas avant la donation entre vifs rappelée par le cardinal. Toute autre interprétation serait arbitraire.

Un Anglais, Pierre Helluin, qui visitait Orléans vers le milieu du règne de Louis XIII, raconte avec une certaine *humour*, mais en termes auxquels on n'est pas forcé d'ajouter foi, de quelle manière se passaient alors les examens à l'Université. Voici le passage qui présente seul de l'intérêt : « Quand vous avez choisi la loi que vous prétendez expliquer, les docteurs régens vous conduisent sous les décombres d'une vieille chambre qu'ils appellent leur bibliothèque et qu'on appellerait plus convenablement le magasin d'un bouquiniste ; car les volumes qu'on y trouve sont plus vieux que l'imprimerie, et entassés les uns sur les autres au milieu des toiles d'araignée. Cette bibliothèque sert de lieu de conférences (1)... »

Ce Pierre Helluin est peu connu, je pense ; mais au milieu des détails ironiques qu'il donne sur la manière dont se prenaient les grades à l'Université d'Orléans, on croit entendre une note sévère, mais juste, sur l'état de la bibliothèque. Reportons-nous au commencement du XVIIe siècle. L'imprimerie a supplanté l'importante corporation des écrivains ; les livres se vendent moins cher, se lisent plus aisément, sont plus corrects que les manuscrits. D'un autre côté, les traditions de l'école sont complètement renouvelées par les juristes du XVIe siècle ; la rédaction des coutumes donne l'essor à une foule de commentateurs qui se succèdent rapidement, car rien ne vieillit autant que les commentaires de droit. La librairie de l'Université d'Orléans subit donc une grave dépréciation : « Les livres qu'on y trouve sont plus vieux que l'imprimerie. » Ces mots désignent clairement les manuscrits légués par le cardinal de Saluces. Sait-on ce qu'ils vont devenir et si une main indélicate ne les portera pas chez le relieur où ils périssent à jamais ?

(1) *Histoire de la ville d'Orléans*, par Vergnaud-Romagnési, p. 590.

On comprend maintenant que le Père Jacob, écrivant quelques années plus tard, n'ait pas donné de détails sur la bibliothèque de notre Université, oubliée de ceux même qui avaient charge de la conserver ; et que les mots : *magnifique bibliothèque,* qui ne peuvent plus s'appliquer à des livres de « bouquiniste, » pour employer les termes d'Helluin, conviennent au contraire parfaitement au monument remarquable que nous pouvons encore admirer.

Le dédaigneux abandon dans lequel étaient tombés ces manuscrits, si précieux à l'époque de leur donation, ressort encore implicitement du titre d'une délibération universitaire de l'année 1560 : *De bibliotheca Universitatis instruenda* (1).

Le recteur demandait l'achat en commun du nouveau corps de droit civil pour la bibliothèque de l'Université. Cette proposition fut remise à un autre temps, parce que les comptes de l'année n'avaient pas été rendus, et principalement parce qu'une bibliothèque avait été léguée à l'Université par le docteur Jacques Meland. On décida de rappeler cette obligation à la veuve et de la contraindre à la délivrance du legs.

Cinq ans après, en 1565, l'Université, qui avait différé l'acquisition du nouveau corps de droit civil, par crainte de ne pas réunir les fonds nécessaires, favorisa de tout son pouvoir la fondation par Van Giffen de la bibliothèque de la nation germanique, laquelle, destinée d'abord aux étudiants allemands seuls, fut bientôt à la disposition de tous les écoliers de l'Université, sans distinction.

(1) Les renseignements qui suivent sont empruntés aux *Recherches sur l'origine de la bibliothèque d'Orléans,* par M. E. Bimbenet, publiées en 1872 dans les *Mémoires de la Société d'agriculture, sciences, belles-lettres et arts d'Orléans.* Bien que je ne partage pas toutes les opinions du savant historien, j'aurai encore le plaisir de le citer.

II

LA LIBRAIRIE DE L'UNIVERSITÉ (SALLE DES THÈSES).

I. — Recherches sur le nom du fondateur.

A l'époque même où le cardinal de Saluces envoyait à Orléans les livres destinés à former le noyau de sa librairie, par une coïncidence bien naturelle peut-être, en tous cas fort significative, on se préparait dans cette ville à jeter les fondements d'un édifice nommé par avance *La Librairie de l'Université*. Survivant aux livres qu'il renferma d'abord, ce monument, aussi remarquable par sa sévère architecture que par les grands souvenirs qu'il éveille, est encore debout (1); mais il a vu son existence récemment compromise par un projet administratif de rectification d'alignement.

A cette menace, la Société archéologique de l'Orléanais, gardienne vigilante des précieux débris de notre histoire locale, répondit par un cri d'alarme qui a franchi l'enceinte de nôtre cité. Une savante assemblée s'est associée aux vœux formés pour la conservation de cet édifice. Elle y a été sollicitée par la lecture du travail qu'un de mes collègues fit paraître à cette époque (2).

(1) La salle des Thèses, nom que plusieurs historiens orléanais lui donnent, est située entre la rue Pothier, autrefois de l'Écrivinerie, et la rue des Gobelets, au centre de l'ancien quartier des écoles.

(2) *La salle des Thèses de l'Université d'Orléans*, par M. BOUCHER DE MOLANDON, mémoire lu à la Sorbonne, dans les séances extraordinaires du Comité impérial des travaux historiques et des Sociétés savantes (avril 1869). Orléans, H. Herluison, in-8°.

Un problème se présentait, intéressant pour l'histoire locale, savoir quelle était la date de construction du monument, quel était le nom du fondateur. L'étude de ce problème, sous ses divers aspects, pouvait amener une solution satisfaisante, sinon définitive. Persuadé que, sur cette question, chacun devait apporter le résultat de ses recherches et poser les jalons susceptibles de conduire à la découverte de l'exacte vérité, j'offris la présente notice sur la Librairie de l'Université à la Société archéologique de l'Orléanais (1), qui voulut bien en voter l'impression.

Peu après, l'honorable collègue dont j'ai déjà parlé fit une seconde lecture sur le même sujet. C'est son premier travail modifié, remanié en partie, d'après des documents nouvellement découverts, et considérablement augmenté (2). La Société vota pareillement l'impression de ce mémoire.

Afin d'apporter le plus de clarté possible dans mon exposition, je vais rechercher, sans parti pris, d'après les documents contemporains et authentiques, quel a pu être le fondateur du monument appelé la Librairie de l'Université.

II. — Le duc Charles d'Orléans.

La recherche du personnage par lequel fut fondée la Librairie ou salle des Thèses de l'Université a vivement attiré mon attention. La construction, par un prince éclairé, de la librairie du Châtelet (3) et de celle de l'Université,

(1) Séance du 26 janvier 1872.

(2) Séance du 10 mai 1872. Cette notice fait partie du tome XII des *Mémoires de la Société archéologique de l'Orléanais*.

(3) Voir ma notice sur *Le Châtelet d'Orléans au XVe siècle et la*

l'une pour son usage particulier, l'autre dans un intérêt général pour faciliter à tous les membres de l'Université l'étude des lois, eût fourni des rapprochements qui se présentaient tout naturellement à l'esprit. J'examinai donc la question d'un œil prévenu en faveur du poète-duc. Voici le résultat de mes investigations.

La vie de Charles d'Orléans peut se partager en trois grandes époques dont la première s'arrête à la défaite d'Azincourt (1415). Loyal dès le commencement, Charles acquitte les dettes de son père et les gages arriérés des officiers de sa maison. J'ai résumé, dans mon travail sur le Châtelet, les graves motifs qui devaient l'empêcher alors de se livrer à son goût dominant pour le luxe et les livres; les mêmes raisons lui interdisaient toute fondation pacifique. Ceci n'est point une assertion hasardée; en voici les preuves. En 1411, date de l'acte de Jehan de Bacons, allait éclater la guerre civile à laquelle se joignent bientôt les horreurs de l'invasion étrangère. Tout s'apprête pour la lutte. On répare les châteaux du duché; mais c'est pour les mettre en état de résister à l'ennemi, de tenir garnison; on les approvisionne de munitions de guerre et de vivres. Le duc d'Orléans fait peindre 3,900 panonceaux à la devise de l'ortie; c'est pour l'armée envoyée contre le duc de Bourgogne (1). On trouve à cette même date dans les ouvrages de MM. Champollion-Figeac et de Laborde bien des extraits de comptes relatifs à des objets d'art. Ce n'est jamais pour en acheter, mais pour les vendre, afin de solder les troupes; on les vend, on les engage à Paris ou à Orléans; on en donne quelques-uns, en petit nombre,

librairie de Charles d'Orléans en 1455 (t. XII des *Mémoires de la Société archéologique de l'Orléanais*).

(1) L. DE LABORDE : *Ducs de Bourgogne*, n° 6,220.

pour gagner des partisans (1). Les maîtres des œuvres de charpenterie et de maçonnerie sont envoyés à Sully, non pour bâtir, mais pour faire le siége du château (2). On emprunte à n'importe qui et si peu que ce soit. Pierre de Vaulx, médecin du duc à Orléans, lui prête « *dans le grand besoin où il se trouve* » six tasses d'argent pour convertir en ses affaires (3). Tous ces actes et d'autres sont des années 1410, 1411, 1412. Il ne s'agissait pas alors pour le duc d'acheter des livres ou de construire la Librairie de l'Université. C'est cependant au milieu de ces temps agités, dans ces circonstances difficiles, que l'on se dispose à l'élever.

Arrive la captivité avec ses privations. C'est la seconde époque, durant les longues années qui s'étendent de 1415 à 1439. Il fallait que le duc fût dans une grande pénurie pour songer à vendre, en 1427, ses chambres, ses tapisseries et ses livres (4). Il était donc pauvre, et cela se comprend, puisque les revenus de ses domaines, sa seule ressource, ne trouvent souvent pas de fermiers, parce que leur produit est nul (5). Aussi les bâtiments domaniaux sont-ils mal entretenus ; et l'on ne fait au Châtelet, la résidence ducale, que les réparations indispensables, lorsque le roi lui-même vient, en 1439, tenir les États à Orléans (6).

Après la délivrance du duc, on entre dans la troisième période. Le moment semblerait un peu plus favorable pour

(1) Archives nation., K, 77, n° 4 ; De Laborde, n°s 6,199, 6,201, 6,206, 6,211-6,229.

(2) De Laborde, n° 6,210.

(3) De Laborde, n° 6,221.

(4) Voir ma notice sur *Le Châtelet d'Orléans au XVe siècle et la librairie de Charles d'Orléans en 1455.*

(5) Archives départementales du Loiret, aux diverses châtellenies du duché.

(6) Archives départementales du Loiret, châtellenie d'Orléans, réparations au Châtelet.

qu'il ait pu bâtir la salle des Thèses ; mais nous sommes loin de 1411. Les recettes domaniales tendent à se régulariser ; le roi vient un peu en aide. Les ruines s'étaient accumulées ; le duc Charles, naturellement bon et généreux, contribue à les réparer. De 1441 à 1463, on le voit concourir à la réparation de douze églises ou hôpitaux (2). Il ne donne pas, il est vrai, de sommes d'argent, mais des rentes imposées sur ses recettes, la coupe de quelques arpents de bois à prendre dans ses forêts. Cependant, aux comptes du duché, l'on ne trouve aucune assignation de rente en faveur de l'Université ; dans le fonds si riche des eaux et forêts, aux archives du département, aucun don de bois à ce sujet. Un si faible secours ne suffirait pas, du reste, pour mériter au duc le titre de fondateur de la Librairie.

S'il l'eût été, on rencontrerait des traces de cet acte de générosité dans ses comptes, dans les archives de sa chancellerie, dans les mémoires de ses ouvriers. Je n'ai pas eu cette bonne fortune.

J'insiste sur les mémoires d'ouvriers, et j'y attache une certaine importance, puisque je leur dois la découverte de la librairie du Châtelet. Pour qui connaît les habitudes de l'administration ducale, il est certain que si le duc avait construit la Librairie de l'Université, c'est son maître des œuvres de charpenterie qui eût dirigé les travaux de sa compétence et les eût fait exécuter avec les matériaux ame-

(1) Saint-Euverte et Vitry-aux-Loges, 1439 ; Saint-Aignan-le-Jaillard, 1441 ; Cercottes et Boynes, 1442 ; Tigy, 1443 ; Saint-Aignan d'Orléans et Marigny, 1445 ; l'église et le couvent des Augustins d'Orléans, la chapelle et l'hôpital de Langennerie, l'église des Bordes, 1447 ; la maladrerie de Vitry-aux-Loges, 1447-1450 ; Saint-Vrain de Jargeau, 1463. Cette liste a été relevée principalement sur les documents tirés du fonds des eaux et forêts aux archives départementales.

nés de la forêt, de même le maître des œuvres de maçonnerie en ce qui le concernait. Ces travaux donnaient naissance à quatre sortes de documents écrits que l'on conservait dans les archives comme pièces justificatives des comptes : les devis, mémoires, mandements et quittances. Il y en a beaucoup pour tout le XVe siècle ; aucun ne porte mention de travaux faits à la Librairie de l'Université.

Quels arguments favorables au duc peut-on opposer ? Les bons rapports qu'il entretenait avec l'Université et le prêt de manuscrits dont j'ai déjà parlé. Ils ne pèsent guère, je pense, en présence de toutes les raisons qui viennent d'être déduites et qui autorisent fortement à croire que le duc d'Orléans n'a pas été le fondateur de la Librairie de l'Université.

Avant de passer à un autre ordre d'idées, c'est ici le lieu de présenter quelques observations sur le style architectural de la salle des Thèses. Nous ne saurions mieux faire que de les extraire d'une notice déjà citée (1), en rendant hommage à leur clarté et à leur précision :

« Dès l'année 1411, le plan de l'édifice appelé Librairie ou salle des Thèses était arrêté, puisqu'à cette époque on achetait un mur pour le reculer d'un *demi-pied ;* d'où il suit avec la dernière évidence que tout était prévu, c'est-à-dire l'étendue du monument en longueur et en largeur, et par conséquent aussi en élévation.

« Et plus on remarquera l'exiguité du terrain recherché par l'acquisition du mur qu'il fallait abattre, reculer de ce *demi-pied* et reconstruire, plus on sera convaincu que l'œuvre était arrêtée dans l'esprit de l'architecte, qui en

(1) *Recherches sur l'origine de la bibliothèque d'Orléans*, par M. E. Bimbenet.

avait calculé toutes les parties et les avait déjà mises en parfaite harmonie les unes avec les autres.

« Circonstance qui démontre que le caractère architectural de la salle des Thèses est contemporain de l'acquisition de ce mur à reculer ; qu'il appartient à la fin du XIVe ou au commencement du XVe siècle ; qu'il est tout français, et qu'il faut abandonner les savantes conjectures à l'aide desquelles on l'attribue aux méditations de Charles d'Orléans, pendant sa captivité en Angleterre, et son assimilation aux constructions artistiques dites de *style anglais.* »

III. — La ville d'Orléans.

La ville d'Orléans aurait-elle plus de droits que Charles d'Orléans au titre de fondateur de la Librairie de l'Université? Je ne le pense pas. D'après les comptes de commune, elle est écrasée, vers 1411, par des impôts, tailles et aides de toute sorte ; et, d'après les comptes de forteresse, sa mise en état de défense lui fut très-onéreuse. Elle restreint ses frais autant que possible. Aussi, plus de ces fêtes splendides aux entrées de rois et de princes ; la réception est des plus simples, même pour le duc d'Orléans. Les recettes diminuent, les dépenses augmentent ; et la preuve, c'est que plusieurs receveurs des deniers communs, en quittant leur charge, restent créanciers de la ville « pour avoir plus mis que reçu. » Cela se comprend : les ressources étaient épuisées. Nous ne citerons qu'un seul fait, parce qu'il est concluant.

Charles d'Orléans n'avait obtenu l'alliance, si éphémère et si funeste, de l'Angleterre qu'en livrant pour otage le duc d'Angoulême, son frère, dont il voulut racheter la liberté en 1413. Il s'adresse aux villes de son apanage pour obtenir les subsides nécessaires à la rançon. Deux procureurs de la ville d'Orléans furent à Blois vers le duc, « *pour excuser ladicte ville de la pouvrete qui estoit en icelle* de ce que ladicte ville ne povait aider audit Mons. le duc pour la redempcion Mons. d'Angolesme (1). » On pourrait croire à un refus froidement calculé pour ménager les finances de la ville ; il n'en est rien. Le duc insiste ; nouveau voyage des procureurs à Paris pour aboutir à une composition de 2,000 fr. avec le chancelier du duc, « à condition que le duc n'en demanderoit jamais d'autre à lad. ville pour lad. redempcion (2). » Ces 2,000 fr., la ville les emprunte de bourgeois d'Orléans, moyennant un intérêt de dix pour cent! Voilà quel était le crédit de la ville d'Orléans en 1413 ! Un pareil subside, on en conviendra, devait être aussi pénible à demander qu'onéreux à accorder. Qui donc alors, du duc ou de la ville, était en état de bâtir la Librairie de l'Université? D'ailleurs aucun article des comptes de ville ne nous renseigne sur ce fait. Ils apprennent, au contraire, que la ville soutenait, à la même époque, contre l'Université, deux importants procès qui durèrent plusieurs années : l'un pour interdire la vente dans Orléans de vins étrangers, tels que ceux de Bourgogne ; l'autre pour faire contribuer les membres de l'Université aux tailles imposées sur tous les habitants. Il va sans dire qu'après le siége, la ville eût-elle contracté un engagement envers l'Université, n'aurait pu le tenir. Elle avait d'abord à reconstruire toutes les églises situées en dehors des fortifications, après les avoir fait abattre en prévision du siége, et le nombre en était considérable.

(1) *Compte de commune de Jehan Chiefdail,* 1412-1414.

(2) *Id.,* ibid.

IV. — L'Université d'Orléans.

L'Université d'Orléans, si prospère qu'elle ait été au XIVe siècle, dut se ressentir profondément des calamités qui nous accablèrent durant la guerre de cent ans. Par les temps de trouble, les institutions pacifiques sont ébranlées dans leurs bases les plus solides, surtout lorsqu'elles tirent leur principale ressource des pays voisins. En admettant comme prouvée l'opinion d'auteurs sérieux, que les cours ne cessèrent jamais complètement, il est permis de croire qu'ils furent souvent interrompus (1). Il est certain que le nombre des étudiants de nationalité étrangère diminua singulièrement pendant cette période dans laquelle notre malheureux pays, fatalement destiné, par sa position géographique, à être le théâtre des luttes acharnées qui ont pour enjeu le salut de la France, eut à subir les horreurs d'une longue invasion.

Tout le monde avait été profondément atteint dans une contrée où amis et ennemis, deux armées composées de bandes indisciplinées, soldées par le pillage et la rapine, vécurent pendant de longues années sur le pays, sans recevoir aucun approvisionnement du dehors. Ainsi s'explique l'épuisement complet de l'Orléanais au XVe siècle, dans un temps où l'état des routes, bien imparfait sans doute, empêchait qu'on ne pût se rétablir de longtemps et se réapprovisionner des choses nécessaires à l'agriculture

(1) M. E. Bimbenet, dans sa savante *Histoire de l'Université de lois d'Orléans*, constate l'état stationnaire de cette institution pendant la seconde moitié du XIVe et tout le XVe siècle. Il explique ainsi, par de judicieuses considérations, l'absence de réglements généraux entre les années 1368 et 1512, p. 226 et 408.

et au commerce, principales branches de la fortune publique.

L'Université, elle aussi, avait donc été frappée par le malheur commun. Ses revenus étaient diminués, comme ceux de la ville et du duché, par les mêmes motifs. Ses ressources personnelles, même en des temps prospères, lui auraient-elles permis d'ériger un édifice tel que la salle des Thèses? Le doute est permis, surtout si l'on considère que cette institution naissante vit de bonne heure son essor paralysé par des événements d'une importance majeure.

Examinons quels enseignements peuvent offrir deux documents relatifs à cette question.

Le premier est une vente faite par Jehan Josselin, le 5 février 1411 (n. s.) à l'Université d'Orléans, représentée par son procureur général, d'une partie de maison tenant à une place qui appartenait déjà à l'Université. Celle-ci s'engage à élever un mur qui sera mitoyen entre elle et le vendeur (1).

Le second document, en date du 20 avril 1411, après Pâques, est le consentement, donné par Jehan de Bacons, à ce que l'Université, représentée par son procureur général, recule d'un demi-pied et fasse refaire à ses dépens, dans de certaines conditions, le mur de derrière de deux maisons qui appartiennent audit Jehan de Bacons, « pour faire la librairie d'icelle Université que on vieult faire en une place de maisons abatues (2). »

(1) Cet acte, découvert par M. Maupré dans les minutes de Me Mallet, notaire à Orléans, a été publié par M. Boucher de Molandon, page 329 du t. XI des *Mémoires de la Société archéologique*.

(2) Ce document, découvert par M. Maupré, archiviste du Loiret, a été publié pour la première fois en 1869, par M. Boucher de Molandon, dans un intéressant mémoire intitulé : *La salle des Thèses de l'Université d'Orléans*. Il est reproduit à la page 332 du présent volume.

Ces deux textes, qui se complètent l'un par l'autre, sont très-intéressants, le second surtout, en ce qu'ils fixent deux points : l'identité de la Librairie avec le monument encore debout, le nom et la destination originaires de cet édifice. Ils montrent aussi que c'est postérieurement à l'année 1411 qu'il faut chercher la date de la construction.

Leurs indications sont bien *moins satisfaisantes en ce* qui concerne le nom du fondateur. Une seule phrase de l'un d'eux, l'acte de Jehan de Bacons, pouvait, si le rédac*teur* l'avait voulu, *donner* l'explication *cherchée; mais il* faut reconnaître que ces termes vagues : « la librairie d'icelle Université que on vieult faire... » sont bien insuffisants pour attribuer l'honneur de la construction à l'Université.

Il résulte certainement de l'analyse de ces deux documents que l'Université, représentée par son procureur général, accepte, stipule en son propre nom, achète, s'engage à payer les travaux préparatoires ; il en ressort qu'elle possédait le terrain propre à la construction.

L'appellation du monument, certains détails architectoniques prouvent qu'il a été construit pour l'usage de l'Université. On peut encore établir, par une suite d'actes, que l'Université a toujours été légitime propriétaire de cet *édifice depuis sa construction jusqu'à ce qu'il fût vendu* comme bien national. Mais doit-on forcément conclure que l'Université soit le fondateur de la librairie? Certainement non. L'Université semble ici dans les mêmes conditions qu'un grand nombre de communautés religieuses qui ont seulement fourni le terrain où se sont élevées, sous leur surveillance, mais aux frais de généreux bienfaiteurs dont souvent les noms sont oubliés, les abbayes, églises, chapelles qui couvrirent le sol français sous l'élan religieux du moyen âge.

En effet, le fondateur de la Librairie, n'est-ce pas évidemment celui qui a fourni l'argent nécessaire à la construction? Et, dans le cas où l'Université aurait reçu d'une main libérale les ressources suffisantes, n'est-ce pas son procureur général qui devait toujours paraître dans les actes publics, acceptant, stipulant, achetant, s'engageant à payer, non pas seulement les travaux préparatoires, mais ceux du monument lui-même, comme s'il le faisait des deniers de l'Université? Celle-ci en serait-elle moins bien considérée comme propriétaire de sa librairie, alors qu'un étranger en serait le véritable fondateur?

Sans chercher au loin d'autres exemples, l'Université d'Orléans n'était-elle pas beaucoup plus célèbre à la fin du XVe siècle qu'au commencement, l'institution plus prospère, sous le règne d'un prince ami des lettres? Cependant aucun historien orléanais ne lui reconnaît le mérite d'avoir elle-même fondé les Grandes-Écoles que nos pères ont eu le regret de voir démolir. Tous s'accordent sur le même nom, Louis II, duc d'Orléans, qui s'appelait bientôt Louis XII, roi de France. La construction de la Librairie, comme celle des Grandes-Écoles, ne semble donc pas, en principe, devoir être attribuée à l'Université d'Orléans.

Cet argument est des plus considérables. Il impose aux partisans de la fondation de la Librairie par l'Université l'obligation de fournir, à l'appui de leur thèse, non pas *seulement des suppositions, mais des preuves* d'autant plus décisives, que cette institution se trouvait, en 1411, dans une situation plus défavorable.

Je reviens, pour un instant, à l'acte de Jehan de Bacons. J'ai dit à propos de cette phrase : « La Librairie d'icelle Université que *on* vieult faire... » que les termes en sont insuffisants pour attribuer à l'Université l'honneur de cette construction. Serait-il téméraire d'aller plus loin et de soutenir que cette phrase est plutôt contradictoire à la fondation par l'Université ou par le duc d'Orléans?

Le nom du fondateur importait peu, sans doute, au notaire Guillaume Girault et à son client Jehan de Bacons, puisque c'est envers l'Université seule que ce dernier entend consentir son abandon.

Mais d'autres personnes figurent dans l'acte. Si l'Université devait faire elle-même les frais de construction de sa librairie, son procureur général, qui est partie contractante, eût fait remplacer le terme *on* par celui de *Université*, sans craindre une de ces répétitions de mots dont les notaires de l'époque se montraient si prodigues dans leurs actes. D'autre part, l'acte reçoit le sceau officiel des mains d'Alain du Bey, garde de la prévôté d'Orléans, fonctionnaire à la nomination de Charles d'Orléans. Si le duc avait été le fondateur reconnu de la Librairie, le prévôt n'aurait pas toléré non plus cet *on* irrévérencieux et lui aurait substitué ces mots : « Monseigneur le duc d'Orléans, » faute de quoi il aurait refusé l'apposition du sceau de la prévôté au bas de l'acte.

Pour résumer, il n'est pas possible, sans autres preuves, de regarder comme décisifs les actes dont nous avons donné l'analyse, alors qu'ils ne sont, somme toute, que des préliminaires, et tandis que le fait principal, énoncé dans les termes les plus vagues, reste dans l'ombre.

L'Université ne semble pas avoir eu de collection de livres avant le XVe siècle; elle ne paraît pas avoir joui de ressources pécuniaires considérables à cette même époque ; elle se sert de locaux empruntés pour distribuer son enseignement. En ce qui concerne la Librairie, l'Université fournit le terrain ; mais on ignore la part qu'elle prend à cette construction. Il ne nous appartient pas de fixer à cette part des limites qui seraient tout arbitraires.

Nous voulons seulement rechercher si un donateur étranger, ami des lettres, riche autant que libéral, reconnaissant envers l'Université et lui en ayant donné d'autres témoignages, n'aurait pas pourvu largement aux dépenses nécessaires pour la construction d'une Librairie; ou tout au moins si ce bienfaiteur n'aurait pas fait un apport considérable, suppléant, grâce à ses ressources particulières, à l'insuffisance du trésor universitaire.

L'Université d'Orléans aurait pu s'enorgueillir à juste titre d'avoir édifié, de ses propres fonds, un monument tel que la salle des Thèses; mais n'était-il pas plus glorieux, pour cette institution, de recevoir un pareil souvenir d'un généreux étudiant portant le nom du cardinal Amédée de Saluces?

V. — Amédée, cardinal de Saluces.

Le premier chapitre de cette notice prouve que le cardinal de Saluces peut être considéré comme le fondateur de la bibliothèque de l'Université d'Orléans. L'examen attentif du testament de ce prélat démontrera peut-être que c'est pareillement à lui qu'on peut attribuer la construction de la Librairie. Si l'on veut que l'Université d'Orléans n'ait pas été complètement étrangère à cet acte, on admettra, tout au moins, que le projet en a été formé à l'occasion des libéralités du cardinal et qu'il dut prendre la part la plus importante dans l'exécution de ce projet.

Avant de commencer l'étude du testament sous le nouvel aspect qui vient d'être indiqué, il est bon de montrer d'abord ce qu'étaient les cardinaux d'Avignon et quels titres précieux et incontestables, au point de vue littéraire, ils ont acquis à la reconnaissance de la postérité. Ces titres sont exposés dans le XXIVe volume de l'*Histoire littéraire de la France*, dont nous allons citer quelques extraits.

On voit, dans ce volume, que les cardinaux d'Avignon, très-puissants par leurs éminentes fonctions, jouissaient tous d'une grande fortune, au point que leur richesse était passée en proverbe dans le langage populaire :

« L'opulence de cette cour nous est connue par leurs testaments. Celui du Dominicain Nicolas de Fréauville, confesseur de Philippe-le-Bel, cardinal du titre de Saint-Eusèbe, daté d'Avignon le 16 octobre 1321 ; celui de Jean de la Grange, du titre de Saint-Michel, daté aussi d'Avignon, le 12 avril 1402, et beaucoup d'autres soit publiés, soit inédits, font assez comprendre tout ce que la richesse ajoutait à leur influence. Mais il nous importe surtout de remarquer, entre leurs actes de munificence, les encouragements que la plupart d'entre eux y donnent à l'étude et à l'instruction (1). »

La plupart de ces cardinaux, par leurs testaments, fondent des églises, des chapelles, des colléges à Paris et dans les provinces, surtout des bibliothèques. Un ami de Pétrarque, Philippe de Cabassole, par son testament du 27 août 1372, dote sa villle épiscopale de Cavaillon d'une véritable bibliothèque publique. Les livres sont enchaînés pour qu'on s'en serve sur place. La lecture en est permise à toute personne honnête de la ville, à toute heure, le temps des offices excepté (2).

« Ces testaments nous intéressent aussi par les catalogues qu'on y trouve des livres légués par les testateurs, et qui nous font connaître, avec leur goût pour les lettres, le genre d'étude qu'ils avaient préféré..... Dans ces collec-

(1) *Histoire littéraire de la France*, t. XXIV, Cardinalat, p. 37.
(2) *Id.*, ibid.

tions de livres léguées aux monastères, aux églises, ou à tout une ville par la générosité des anciens cardinaux, on croirait qu'il ne doit guère se trouver que des ouvrages théologiques ; mais les listes jointes aux testaments nous offrent quelquefois en plus grand nombre les traités de droit canonique ou de droit civil (1). »

L'auteur ajoute que les cardinaux, comme les papes, ont commencé par étudier et souvent par professer le droit romain, et qu'il serait trop long de nommer tous les cardinaux qui joignirent la connaissance des Pandectes à celle des Décrétales.

Les citations qui précèdent ne forment-elles pas la véritable préface des libéralités du cardinal de Saluces? Sollicitées par l'exemple de ses prédécesseurs et de ses contemporains, les fondations du cardinal semblent désormais toutes naturelles, presque nécessaires. Les raisons pour Avignon se déduisent d'elles-mêmes ; elles s'expliquent, pour Orléans, par ses relations avec notre pays, relations peu connues, mais suffisamment établies par la dette de l'abbé de Saint-Benoît-sur-Loire et par un don important aux Célestins d'Ambert (2), qui peuvent servir de puissants indices, en attendant leur confirmation par de nouvelles découvertes.

Nous n'avons à nous occuper ici que de la Librairie de l'Université d'Orléans et des livres qu'elle contenait. Il n'est cependant pas hors de propos de dire que le cardinal de Saluces ne se borna pas, tant pendant sa vie que par son testament, à distribuer généreusement ses livres, de grosses sommes d'argent ; à donner à toutes les églises dont il fut dignitaire des objets précieux, tels que châsses, ornements,

(1) *Histoire littéraire de la France*, t. XXIV, Cardinalat, p. 38.
(2) Cartulaire de N.-D. d'Ambert à la Bibliothèque nationale.

statues en argent, flambeaux, aigles (1). Son immense fortune lui permit des fondations plus considérables, des constructions assez importantes pour que celle de la Librairie de l'Université d'Orléans puisse lui être attribuée avec toute vraisemblance. En voici des preuves :

Un manuscrit du frère Nicolas Malet, qui rapporte, conformément au testament, le legs de livres fait à l'Université d'Avignon par le cardinal de Saluces, ajoute ces mots : « *Item construxit et dotavit sacellum in honorem sanctæ crucis in vico sanctæ crucis.* »

Un nécrologe des Célestins d'Avignon, manuscrit du XVe siècle, contient une mention détaillée des libéralités du cardinal de Saluces envers leur couvent d'Avignon. Nous en donnons seulement quelques extraits :

« Pro constructione et edificatione presbiterii ecclesie nostre et capelle sue, retro majus altare, summam quatuor millium florenorum nobis gratiose dedit... Item quatuor lampadas argenteas, armis suis insignitas, ponderis XIII marcarum VII unciarum cum dimidia, devotus obtulit. Item in translatione corporis prefati domini Clementis summam II[c] *florenorum* nobis realiter tradidit. Item duas casulas notabiles, quarum una rubei coloris est armis suis insignita, et alia nigri coloris, unum pannum rubei coloris, auro intextum, et duo parva paramenta aerii coloris, pro altari capelle sue, multaque alia bona nobis benigne contulit (2). »

Ce ne sont pas seulement des calices, des vêtements sacerdotaux, des encensoirs, des images d'argent, tous objets

(1) Un petit nombre seulement de ces donations est rapporté page 44.

(2) Nous devons ces renseignements à l'extrême complaisance de M. Deloye, le savant conservateur de la bibliothèque et du musée Calvet, d'Avignon.

d'un grand prix, que le cardinal lègue à l'église de Lyon ; *il lui donne encore une vigne, une maison pour loger deux* chanoines, et charge ses exécuteurs testamentaires d'en acheter une autre contiguë à la première (1).

On avouera que l'homme généreux qui faisait de pareilles fondations pouvait bien, à l'occasion, construire un édifice pour loger les livres qu'il donnait à l'Université d'Orléans, dans un but d'utilité publique.

VI. — Examen et discussion du testament d'Amédée de Saluces.

Examinons maintenant s'il ne peut résulter des termes du testament que le cardinal soit le fondateur du bâtiment de la *Librairie* de l'Université.

Sur cette question, le passage le plus intéressant est évidemment celui-ci : « *Cum alias ordinaverimus fieri quamdam librariam Aurelianis...* »

Dans cette phrase, le mot *libraria* étant douteux, le sens dans lequel on doit le comprendre sera déterminé par celui des mots *ordinaverimus fieri*. L'expression *ordinare*, dans le cours du testament, indique les volontés du testateur, les ordres donnés à ses exécuteurs. Toutefois, dans le latin du moyen âge, elle a un autre sens dans lequel le testateur l'a employée, lorsqu'il dit : « *Qui libri tenentur in libraria Avenione per nos ordinata,* » en parlant de sa propre bibliothèque. Ici, *ordinare librariam* signifie : former, réunir une collection de livres. Doit-on traduire ainsi la première phrase ? Nous ne le pensons pas, à cause du mot *fieri,* qui modifie *ordinaverimus* et le détourne du sens exceptionnel qu'il aurait, employé seulement avec un

(1) F. Duchesne, *Histoire des cardinaux français*.

librariam, pour le restituer à son emploi habituel dans le sens de *ordonner*.

Cum ordinaverimus fieri signifie donc : comme nous avons ordonné de faire.

Le mot *fieri*, du reste, serait seulement employé au figuré dans le sens de réunir une bibliothèque ; il serait même inutile, puisque la locution usitée en pareil cas est : *ordinare librariam*. Pris, au contraire, dans son sens propre, rappelé par les mots *ædificare, ædificium, pontifex,* dont il est une des racines, *fieri* indique une construction. C'est précisément du mot *faire* que se sert, à deux reprises, le rédacteur de l'acte de 1411, lorsqu'il s'agit de la construction de la Librairie : « ... pour *faire* la librairie de ladicte Université, que on vieult *faire*... »

Le passage : *cum alias ordinaverimus fieri quamdam librariam Aurelianis* doit donc être traduit par : *comme autrefois nous avons ordonné de faire une librairie à Orléans*, en appliquant au mot librairie le sens de construction, préférablement à celui de collection de livres, pourvu toutefois que cette interprétation ne soit pas en contradiction avec l'esprit général et les termes des différentes dispositions testamentaires (1).

L'examen du testament semble, au contraire, favorable à l'opinion qui vient d'être énoncée.

Nous avons dit, au commencement de cette notice, que le plus ancien document connu, concernant les livres de l'Université, est le testament du cardinal de Saluces ; et nous en avons conclu que, par le fait seul de la donation entre-vifs rappelée dans le testament, il est le fondateur de

(1) Se reporter aux p. 13 à 15, concernant l'interprétation donnée au mot Bibliothèque dans le passage où le P. Jacob rapporte la fondation du Cardinal.

la bibliothèque universitaire. Mais si de nouveaux textes établissaient que l'Université d'Orléans posséda, antérieurement à la donation et au testament du cardinal, un certain nombre de livres de droit, on obtiendrait, par l'existence de ces textes mêmes, la preuve que le cardinal est le fondateur du bâtiment de la Librairie et qu'il l'aurait fait construire de son vivant.

En effet, du moment où le prélat aurait, par le don d'une partie de ses livres, seulement augmenté un fonds de bibliothèque préexistant, les mots *in nostra libraria,* qui indiquent le lieu où seront déposés les livres achetés avec la somme due par l'abbé de Saint-Benoît-sur-Loire, ne peuvent plus s'appliquer à une collection de livres renfermant des éléments étrangers. Ils visent, de même que ceux-ci : *Alias ordinaverimus fieri quamdam librariam Aurelianis,* la construction, aux frais du cardinal, d'un édifice qu'alors il peut appeler *nostra libraria,* puisqu'il en est le véritable et seul fondateur, ce qui n'aurait pas lieu pour la bibliothèque réunissant à la fois ses livres et ceux de l'Université.

Si l'Université avait déjà des livres, la phrase du testament qui nous occupe n'aurait pas de raison d'être ; elle n'aurait pas de sens. *Comme nous avons autrefois ordonné qu'une collection de livres fût réunie.* A qui cette étrange injonction a-t-elle été adressée? A l'Université, probablement. Mais si l'on admet que l'Université elle-même possédait un commencement de bibliothèque, il était plus simple, pour le testateur, de dire qu'il l'avait augmentée par un premier envoi et qu'il voulait l'augmenter encore.

Le testateur attache au contraire une grande importance à la première phrase de ses dispositions en faveur de l'Université d'Orléans. Il tient à constater d'abord la construction d'une Librairie. C'est là qu'il envoie ensuite une collection de livres de droit; c'est à cette librairie qu'il donne tous les autres livres de droit civil et canonique qu'il possèdera lors de sa mort; à elle qu'il donne tous les livres contenus en deux caisses; les livres achetés avec la dette de l'abbé de Saint-Benoît seront placés dans cette librairie; c'est à elle enfin qu'il donne la moitié des livres non légués et la sixième partie de ses biens mobiliers. Toutes ces dispositions ne font-elles pas saisir clairement que le cardinal entendait ici le mot *libraria* dans son sens le plus large? Il y voyait non pas seulement une réunion de livres, mais une institution, une personne morale, comprenant à la fois l'édifice, les livres qu'il doit contenir, et même, pourrait-on dire, le conservateur préposé à leur garde, qui devait acheter des livres avec l'argent dû par l'abbé de Saint-Benoît et toucher les deniers provenant de la sixième partie des biens mobiliers.

Il reste à examiner une seconde hypothèse, qui est la contre-partie de la première et plus vraisemblable, dans l'état des documents connus. C'est le cas où l'Université d'Orléans n'aurait pas eu de livres avant ceux que le cardinal lui donna de son vivant.

Si l'Université n'a pas de livres, elle n'a pas besoin d'un local pour en mettre; et alors comment expliquer, en 1411, ces préparatifs pour la construction d'un édifice appelé par avance *la Librairie*, si ce n'est dans le but d'installer la bibliothèque que le cardinal forme le projet de donner à l'Université d'Orléans, projet auquel il ajoute bientôt un commencement d'exécution en expédiant plusieurs de ces livres? Il y a donc une connexité évidente entre ces deux faits. La donation du cardinal de Saluces motive la construction de la Librairie. Son intention, il la manifeste clairement: c'est surtout d'être utile aux étudiants pauvres. Il regardait donc, en principe, l'Université d'Orléans comme plus pauvre que celle d'Avignon, car c'est à la première qu'il destine d'abord sa bibliothèque. Cela résulte du testament de 1419, *puisqu'il modifie*, à cette date seulement, ses premiers projets, en présence de l'inexécution par l'Université d'Avignon de ceux qu'elle avait conçus elle-même.

Le but du cardinal, d'être utile aux étudiants pauvres d'Orléans, ne devait être *atteint qu'à la seule condition* que les livres fussent conservés dans un local où l'on pût facilement les consulter, sans quoi la libéralité était incomplète ; et le cardinal, en procurant si largement les livres qui n'étaient que le moyen, frappait de stérilité le but pratique de sa fondation, l'usage public de sa bibliothèque.

Or, il ne pouvait entrer dans la pensée du cardinal de sacrifier le principal à l'accessoire. L'accessoire, du moment où Saluces avait donné de son vivant une bibliothèque de droit presque complète, c'est le legs de la somme de 1,640 livres (1) due par l'abbé de Saint-Benoît, afin d'acheter d'autres volumes ; c'est le legs d'une partie des meubles, évidemment considérables et en rapport avec la haute position et la demeure du prélat (2), au profit des étudiants et de la Librairie. Ces legs accessoires n'auraient aucune raison d'être si le cardinal, dictant son testament

(1) Cette somme est indiquée par le n° 394 *bis* de la bibliothèque d'Orléans, et par celui de D. Chazal.

(2) Le cardinal de Saluces se bâtit, près de la tête du pont (d'Avignon), un hôtel entouré de promenades, de jardins, de prés, dont les terrasses dominaient le Rhône (*Histoire littéraire de la France*, t. XXIV, p. 630). Suarez nous apprend que le palais du cardinal de Saluces avait conservé le nom de son premier possesseur, et qu'il était habité, de on temps, par les Franciscains.

en 1419, n'avait eu désormais la certitude que la construction de la Librairie, son objectif principal, était assurée. Sa prévoyance, qui éclate si manifestement dans l'expression de ses volontés suprêmes, ne se laissa pas surprendre en défaut à ce sujet.

C'est la réalisation de ce projet qu'il semble avoir voulu constater dans la première phrase du testament.

On peut en inférer que si l'Université d'Orléans, appauvrie dans ses ressources, voyant le nombre de ses écoliers amoindri par les causes énoncées plus haut (1); si l'Université d'Orléans fut impuissante à seconder les généreuses intentions de Saluces, il n'est pas douteux que ce prélat, aussi riche que libéral, aura contribué de ses deniers, dans la mesure nécessaire, à l'érection de la Librairie destinée à recevoir sa bibliothèque et à en faciliter l'usage aux écoliers sans fortune.

Tant des renseignements fournis par l'histoire locale que des termes du testament éclairés par les intentions du testateur, je ne crois pas déduire des conséquences exagérées en proposant les conclusions suivantes :

La Librairie de l'Université d'Orléans, selon toute vraisemblance, eut pour fondateur le cardinal Amédée de Saluces ou l'Université elle-même, presque certainement l'une aidée de l'autre. Projetée en 1411, elle devait être achevée ou à peu près en 1419 (2).

Ces conclusions ne sont pas données à la légère, mais après de mûres réflexions. Elles n'ont pas pour but d'ériger arbitrairement un système en opposition d'un autre;

(1) P. 24 et 25.

(2) Ces conclusions ont été lues à la séance de la Société archéologique de l'Orléanais du 26 janvier 1872, postérieurement à la publication du premier mémoire de M. Boucher de Molandon, mais antérieurement au second mémoire, lu le 10 mai 1872.

mais elles sont fondées sur un document sérieux, corroboré par l'étude de l'histoire contemporaine, et se présentent, croyons-nous, de la manière la plus acceptable. Il ne s'ensuit pas qu'elles seront admises sans discussion; cette discussion même est désirable, s'il peut en jaillir la lumière et la vérité.

VII. — Vie d'Amédée, cardinal de Saluces.

L'importance de la libéralité du cardinal de Saluces n'échappera à personne. Quelque opinion que l'on se forme sur la part qu'il prit à la construction de la Librairie de l'Université, on reconnaîtra du moins en lui le fondateur de la première bibliothèque publique à Orléans. Ce bienfait, considérable à cause de la rareté des manuscrits, emprunte aux circonstances qui l'accompagnent un caractère d'actualité incontestable. En facilitant à Orléans l'étude des lois, il procurait aux cours de l'Université un nouvel éclat, un attrait particulier. La guerre terminée, il rappelait ces flots d'étudiants qui, venant de toutes parts puiser aux sources de la science, rapportaient dans nos murs la richesse et la vie. A ce titre, Saluces semble pouvoir revendiquer quelque peu de la gloire qui rejaillit sur les jurisconsultes orléanais qui brillèrent à la fin du XVe siècle, comme leur ayant aplani les difficultés d'une étude aussi longue que sérieuse.

Il continue les traditions immuables de l'Église, de contribuer puissamment à la diffusion des sciences et au progrès sagement réglé de l'esprit humain. Un pape avait constitué l'Université de lois d'Orléans; c'est un cardinal qui fournit à cette Université les moyens pratiques de féconder son enseignement.

La vie modeste, non sans labeurs, du cardinal a été couronnée par un acte d'une grande générosité, d'une haute intelligence, grâce auquel sa mémoire doit survivre à ses bienfaits. Il a définitivement conquis à Orléans le droit de cité. Son nom, obscur sans doute auprès de ceux des d'Ailly, des Gerson, des Clémengis, ses illustres contemporains, mérite d'être conservé parmi nous à côté de celui de Guillaume Prousteau, auquel il a l'honneur d'avoir tracé la voie. Il ne sera donc pas hors de propos, en terminant cette notice, de retracer brièvement les principales circonstances de sa vie et les événements auxquels il prit, somme toute, une part assez importante.

Amédée de Saluces était fils de Frédéric, marquis de Saluces en Piémont et de Béatrix de Genève. Il prit le grade de bachelier dans l'Université d'Avignon, mais on ignore où il compléta ses études. La première dignité dont il fut revêtu est celle de chanoine en l'église de Bayeux. Il y fut nommé doyen et prit possession par procureur le 7 mars 1381 (1). Promu évêque de Valence, il occupa ce siége fort peu d'années, non pas à titre d'administrateur provisoire, comme le disent quelques auteurs, confondant son pouvoir spirituel avec une certaine autorité temporelle et territoriale en vertu de laquelle il pouvait frapper monnaie (2). Son court passage à l'évêché de Valence fut marqué par un accord avec les chanoines de Die. Il fut moins heureux avec ceux de Valence, et le pape Clément VII dut nommer comme arbitre Pierre, cardinal de Sainte-Sabine. Voici un passage curieux de sa sentence concernant la juridiction des chanoines : « *Item, quod ultra præmissa dictum capitulum loco regis Ribaldorum, et ejus præpositi, habedt unum inferioris*

(1) *Gallia christiana*, XI, col. 401.
(2) Poey d'Avant, III, p. 14, pl. ciii, n° 16.

status; de rege Ribaldorum faciat D. episcopus, prout sibi videbitur expedire... » Amédée de Saluces se soumit à ces décisions (1).

Le 23 décembre 1383, Clément VII lui conféra la dignité de cardinal-diacre du titre de Sainte-Marie-la-Neuve (2). Il était, par sa mère, proche parent de Robert de Genève, nommé pape sous le nom de Clément VII, en opposition d'Urbain VI, à l'origine du grand schisme d'Occident.

Le cardinal de Saluces était archidiacre de Reims en 1390 (3). Divers auteurs lui donnent les titres de chanoine d'honneur et archidiacre de l'église de Lyon et d'archidiacre de Rouen (4). C'était, on le voit, un prélat pourvu de riches et nombreux bénéfices.

En 1394, à la mort de Clément VII, le cardinal de Saluces prit part à l'élection de Benoît XIII comme pape d'Avignon, après avoir, ainsi que plusieurs de ses collègues, manifesté le désir qu'on ne procédât pas à une nouvelle élection. C'était, en effet, le moyen indiqué par plusieurs esprits sages qui, de même que Saluces, souhaitaient vivement l'extinction du schisme. Il devint par la suite ouvertement hostile à Benoît XIII. Consulté par les ambassadeurs français envoyés en 1395 à Avignon, sur l'opportunité de la voie de cession proposée par le roi de France, il lui donna sa com-

(1) J. Columbi, *De rebus gestis episcoporum Valentinensium et Diensium*, 1652.

(2) *Gallia christiana*, XVI, col. 327; Aubery, *Hist. gén. des cardinaux*, II, p. 50; Barjavel, *Dictionn. histor., biogr., bibliogr. du dép. de Vaucluse*, II, p. 390; Baluze, *Vie des papes d'Avignon*, I, p. 509. — Le testament d'Amédée de Saluces prouve qu'il resta toujours cardinal-diacre. C'est donc par erreur qu'Aubery le dit une fois cardinal-prêtre du titre des SS. Marcellin et Pierre.

(3) *Gallia purpurata*.

(4) *Gallia christiana*; J. de Saint-Aubin, *Histoire ecclésiastique de Lyon*; Baluze, *op. cit.*

plète approbation. Bientôt, poussé à bout par la résistance égoïste que Benoît XIII opposait à toutes les tentatives d'accord entreprises pour la pacification de l'Église, le cardinal de Saluces accepta d'être l'un des trois députés qui se présentèrent à Paris pour demander, au nom des dix-huit cardinaux retirés à Villeneuve d'Avignon, que Pierre de Lune, pape sous le nom de Benoît XIII, fût déposé et mis en prison comme fauteur d'hérésie et parjure (1).

Cependant, la fortune paraissant de nouveau sourire à Benoît, on voit avec surprise le cardinal se rapprocher de lui par un retour dont on ignore les causes, et mettre tous ses soins à faire rentrer en grâce les cardinaux qui avaient imité son exemple. Il est bientôt envoyé à Paris avec le cardinal de Poitiers, avec mission spéciale d'obtenir du roi et des princes qu'ils feraient annuler la soustraction d'obédience (mai 1403). C'était une des principales conditions que le pape avait mises à l'oubli de leur conduite passée. L'ambassade réussit, non pas que l'opinion publique eût changé, mais parce que Charles VI, qui avait toujours soutenu ce pape, était alors dans un moment lucide (2). On a donc lieu d'être étonné de ne pas voir le cardinal de Saluces figurer sur la liste détaillée que donne Fleury des fauteurs de Pierre de Lune, déclarés schismatiques et hérétiques par le concile de Paris en octobre 1408 (3). Est-ce une omission, ou doit-on se demander si le cardinal avait une seconde fois abandonné Benoît XIII à sa mauvaise fortune ?

Les démarches de la France pour faire cesser le schisme furent enfin couronnées de succès. Le concile de Pise avait

(1) Guettée, *Histoire de l'Église de France*, VIII, p. 150.
(2) Guettée, *op. cit.*
(3) Fleury, *Hist. eccl.*, liv. c.

fait faire un grand pas à la question ; Amédée de Saluces y avait été reconnu comme cardinal et y eut voix délibérative. Bientôt il donne au concile de Constance de grandes preuves de son zèle pour la pacification de l'Église. Il est un des cinq cardinaux choisis pour communiquer au pape Jean XXIII la procédure suivie contre lui et pour lui annoncer sa prochaine déposition (1). Peu s'en fallut que le cardinal de Saluces ne montât à son tour sur le trône pontifical, car il obtint douze voix, suivant Aubery. D'après Rohrbacher, au contraire, toutes les voix du conclave se réunirent sur Otton Colonne, élu sous le nom de Martin V. Ce pape l'envoya comme légat en France (1417) (2).

Au cours d'un de ses voyages, Amédée de Saluces fut arrêté par la maladie à Saint-Donat, bourg du diocèse de Vienne. C'est là qu'il fit son testament. Il y mourut peu après, le 28 juin 1419 (3). Son corps fut transporté le 28 mars 1420 dans la cathédrale de Lyon, où se firent les obsèques avec le cérémonial accoutumé pour les chanoines

(1) GUETTÉE, *op. cit.*; FLEURY, liv. CIII.

(2) On lit dans le compte de commune d'Orléans, pour la même année 1417 : « A Jaquet Le Prestre, pour argent par lui baille pour un grant bar, ung grant broichereau par lui achetez de Jehan le Berche, poissonnier, et donnez au cardinal de Saint-Marc, lequel estoit legat du Pape et ambaxadour du Roy, notre sire, le ixe jour de juillet, iv l. xvj s. p. » Malgré l'erreur légère ici commise sur le titre du cardinal (Saint-Marc, au lieu de : Sainte-Marie), la qualité de légat du Pape qui lui est donnée semble prouver que c'est bien Amédée de Saluces qui passa par Orléans le 9 juillet 1417.

(3) Les termes employés par l'un des notaires rédacteurs du testament : « *Acta sunt hæc in prioratu sancti Donati, Viennensis diocesis, in camera parvæ turris, quam idem dominus Amedeus cardinalis de Saluciis testator tunc inhabitabat,* » suffisent à convaincre d'erreur Ciaconius, cité par Sainte-Marthe dans la première édition du *Gallia christiana*. Cet auteur fait mourir et enterrer le cardinal à Florence.

d'honneur. Il y reçut la sépulture, et on lui éleva un tombeau d'une certaine magnificence (1).

Cette biographie, dont nous avons réuni les éléments épars (2), renseigne seulement sur la vie publique du cardinal de Saluces et sur la part assez considérable qu'il prit aux événements contemporains, dans des circonstances bien difficiles, il faut le reconnaître. Les qualités de l'homme privé nous échappent ; mais on peut dire qu'il était vraiment libéral, car il se plut à répandre des bienfaits partout où il passa (3).

En 1385, il avait offert à l'église de Bayeux de riches présents, entre autres un aigle de bronze et six grands candélabres (4). Il est fait à l'église de Lyon plusieurs dons magnifiques, tant en ornements d'autels qu'en reliquaires d'argent (5). Enfin, et ceci nous intéresse plus directement, le cardinal avait compté parmi les bienfaiteurs du couvent des Célestins d'Ambert, près d'Orléans. Il leur avait généreusement donné une somme, considérable pour l'époque, de cent francs d'or. Cette libéralité lui mérita une mention toute spéciale sur leur nécrologe, au second jour des nones de mars. En reconnaissance, le monastère célébrait à son intention une messe des défunts toutes les semaines (6).

Abattu déjà par la maladie, le 21 juin 1419, le cardinal

(1) Il y était représenté à genoux, les mains élevées au ciel, avec cette devise en latin : « J'espère être sauvé par la seule miséricorde du Tout-Puissant. »

(2) Le nom du cardinal est omis dans les biographies générales de Michaud et Didot ; les vies des cardinaux par Aubery, Duchesne, etc., ne rapportent que quelques détails.

(3) Voir p. 32 diverses fondations très-importantes faites à Avignon.

(4) *Gallia christiana*, XI, col. 420.

(5) Aubery, *Hist. gén. des cardinaux.*

(6) Nécrologe de Notre-Dame d'Ambert, à la Bibliothèque nationale.

de Saluces dictait, sur son lit de souffrances, l'acte le plus généreux de sa vie. Ce testament, aussi remarquable par l'élévation des sentiments exprimés par le mourant que par le sage emploi d'une grande fortune, a permis de tirer d'un trop long oubli le nom du cardinal Amédée de Saluces.

Testament du cardinal Amédée de Saluces.

21 juin 1419 (1).

In nomine sanctæ et individuæ Trinitatis, Patris, Filii et Spiritus Sancti, amen ; omnibus et singulis tam natis quam nascituris præsens publicum instrumentum tam conjunctim quam divisim visuris, lecturis et etiam audituris, verum, notorium et manifestum existat quod reverendissimus in Christo pater et dominus, dominus Amedeus de Saluciis, miseratione divina sanctæ Mariæ Novæ sanctæ romanæ Ecclesiæ diaconus cardinalis, sanus mente ejusdemque mentis bene compos, licet æger corpore, de propria salute cogitans et ad Deum, qui ipsum creavit, omnia vota sua dirigens, consideransque quod præsentis vitæ conditio statum habeat instabilem, et quod ea quæ visibilem habent essentiam tendunt visibiliter ad non esse, sciens

(1) Il est impossible de publier le testament entier du cardinal, tous les efforts pour le retrouver ayant été vains. Je donne ici un extrait du testament qui existe en copie à la Bibliothèque nationale, fonds Suarez, 8972, f° 14. Cette copie a été faite d'après une expédition authentique sur parchemin, à peu près contemporaine de la mort du cardinal, qui est conservée aux archives de Vaucluse, fonds de l'Université d'Avignon. Cette expédition ne contient, outre le préambule, que les clauses en faveur des Universités d'Orléans et d'Avignon. M. Deloye, conservateur de la bibliothèque et du musée Calvet, d'Avignon, a bien voulu m'en envoyer une copie collationnée. Je suis heureux de lui en exprimer ici toute ma reconnaissance. Le même savant a relevé les variantes fournies par un registre de l'Université d'Avignon, du XVIe siècle, qui fait partie des mêmes archives.

etiam quod ipsum oportet debitum naturæ persolvere, cum nihil morte certius nihilque hora ejus incertius existat; idcirco hæc omnia salubri meditatione præmeditans desiderat diem suæ peregrinationis extremum dispositione testamentaria prævenire, et terrena in cœlestia ac transitoria in æterna felici commercio commutare, ex sua certa scientia et motu proprio, suaque mera et libera voluntate vocavit et vocari fecit coram se dilectos et fideles familiares suos infrascriptos, de quibus in Domino fiduciam gerebat specialem, videlicet venerabiles viros, discretos, circumspectos et providos dominos et magistros Johannem de Nemoribus, litterarum apostolicarum scriptorem et abbreviatorem Aniciensem et Baiocensem; Lambertum de Sanussiaco, alias de Masa ugone, baccalarium in legibus diocesis Aniciensis; Nicolaum Cauler, presbyterum Laudunensem; Ludovicum de Loandes, presbyterum Valentinum; Joannem Sauvini, Metensem canonicum; Michaelem Castelli, presbyterum majorem parrochialis ecclesiæ de Lambernes, Morinensis diocesis; Guillelmum Aynardi, clericum baccalarium in medicina, Taurinensis diocesis, ipsiusque domini cardinalis medicum; Antonium de Orto, clericum de Sancto Donato, Stephanum Garnerii de Condiraco, clericum Viennensis diocesis, ejusdem domini cardinalis cubicularius; et nos Falconem Pasyni de sancto Helentio, habitatorem sancti Donati Viennensis diocesis, publicum imperiali auctoritate et Joannem Girardi, litterarum apostolicarum scriptorem et abbreviatorem, ipsiusque domini cardinalis scriptorem et secretarium publicum, apostolica et imperiali auctoritatibus, notarios. Quos omnes suprascriptos, ipse dominus cardinalis sedens supra lectum suum et tenens in suis manibus quoddam cartinum papyrenum scriptum, die 21 mensis junii, circa horam meridiei, anno 1419, indictione 12, pontificatus sanctissimi in Christo patris et domini Martini Dei providentia papæ V anno 2, in sua præsentia existentes, alloquutus est benigne, dicens hæc verba vel similia : « In affectu amo vos, estis omnes familiares mei, et semper habuimus et habemus fiduciam de vobis, ideo nos volumus nostrum ultimum nuncupativum in vestri præsentia condere testamentum, et præterea hic coram nobis fecimus vos convocari et congregari pro primis tamen et ante omnia cum nostræ primæ ac sinceræ et deliberatæ mentis et intentionis existat quod nostrum ultimum testamentum nuncupativum quod in vestrî præ*sentia facere et condere volumus prout et quemadmodum in* præsenti papyri cartino est descriptum, et prout etiam ultra hoc ordinabimus et faciemus omnino compleatur et inconcusse, omnibus aliis testamentis, ordinationibus et donationibus, etiam causa mortis aut inter vivos per nos alias sub quibuscumque verborum formis factas et facta, ac etiam donationem inter vivos seu ordinationem in Conchiaco Viennensis diocesis per nos alias factam, in quibus exequutores fecimus et ordinavimus, omnino etiam revocamus, irritamus, cassamus et annulamus, et ea et eas, in quantum nostrum ultimum testamentum quod secundum mentem et intentionem nostram est salubrius et efficacius pro celeri [animæ] meæ ac parentum et benefactorum meorum remedio, specialiter et expresse commutamus et loco illius et illarum donationis et donationum contenta in hoc presenti nostro testamento ordinamus, de quo volumus omnes et singulos quos tangit vel tangere poterit esse contentos. Eapropter ipsum ultimum nostrum testamentum nuncupativum, prout et quemadmodum in præsenti papyri cartino et alias inferius descriptum facimus, condimus et ordinamus, ac volumus quod nunc in præsentia vestrum omnium dictus papyri cartinus *ac omnia et singula in eo contenta et descripta quam etiam ea* quæ dicemus, faciemus et ordinabimus in notarii publici instrumentum recipiantur per vos notarios predictos et quemlibet vestrum, et inde in formam publicam redigantur per vos notarios predictos et quemlibet vestrum. » — Quibus, ut præfertur, per præfatum reverendissimum dominum in Christo patrem, dominum Amedeum de Saluciis, cardinalem testatorem dictis, factis, revocatis, cassatis, irritatis, annulatis, ordinatis et commutatis, prædictus dominus Amedeus cardinalis testator dictum quartinum papyri scriptum mihi Joanni Girardi, notario publico supradicto infrascripto, tradidit de manu sua dextra, mihi præcipiens quatenus ipsum et omnia contenta in eo de verbo ad verbum, alta et intelligibili voce legere[m] in presentiaomnium supra et infra scriptorum testium per ipsum dominum Amedeum cardinalem testatorem vocatorum, requisitorum et rogatorum, quem quidem papyri cartinum ego Joannes Girardi, notarius predictus, presentibus audientibus et intelligentibus omnibus et singulis testibus et aliis suprascriptis et infrascriptis de verbo ad verbum legi; cujusquidem cartini tenor sequitur, et est talis : « In nomine sanctæ et individuæ Trinitatis, Patris, et Filii et Spiritus Sancti, amen. Cum nihil est certius morte nihilque incertius hora, ideo nos Amedeus de Saluciis, miseratione divina sanctæ Mariæ Novæ sacro-sanctæ Romanæ Ecclesiæ diaconus cardinalis, nostrum condidimus et condimus testamentum nuncupativum in forma infra descripta. Sed tamen hoc non obstante legata et donata inferius considerantes quod illa quæ homo proponit facere post mortem spe vel preventu mortis, vel exequutorum differuntur aut alias impediuntur, et ideo nos Dei gratia sanæ mentis, licet aliquantulum debiles corpore, existentes volumus et ordinamus quod ea quæ sequuntur fiant et expleantur de bonis, quæ nunc habemus et habebimus in posterum, quæ in vita nostra volumus compleri, ea videlicet quæ compleri poterunt, si sit possibile, et si non possunt in vita nostra compleri, volumus quod post mortem nostram totaliter impleantur per infranominatos exequutores nostros, vel duos eorum, seu alios quos loco ipsorum forsitan contingeret nominari seu ordinari ad infrascripta peragenda et complenda. Ideo facimus nostrum testamentum quod volumus valere. In primis si offenderimus in materia scismatis, vel ejus prosequutione vel omissione, quærimus misericordiam a Deo, vel si in materia fidei vel alia quacumque erraverimus vel offenderimus, in omnibus quærimus misericordiam a Deo et in omnibus Ecclesiæ judicio nos submittimus. Item si aliquem facto vel dicto offenderimus, si per nos ante mortem nostram non fuerit emendatum, volumus per exequutores nostros emendari, etc. » Et inter alias clausulas, legata et ordinationes per dictum dominum cardinalem in suo ultimo testamento factæ, sunt quædam clausulæ facientes tam pro studio Aurelianensi quam Avenionensi, ut in forma : — « Item cum alias ordinaverimus fieri quamdam librariam Aurelianis et jam ibi plures libros transmiserimus, sicque quoad libros juris est quasi completa (1), tamen

(1) *Sit quod quoad libros juris est quasi completi*, dans l'expédition et le registre de l'Université. La version de Suarez est préférable.

dubitantes quod propter divisionem quæ, proh dolor! nunc viget in Francia, illa quæ illi de universitate Avenionensi disposuerant adimplere non possunt, ideo nolentes hujusmodi proposito quod habuimus in distribuendos libros nostros ad utilitatem pauperum studentium frustrari, volumus in studio Avenionensi, in quo baccalaureatus (1) gradum accepimus, aliquid boni incipere, itaquod illud quod in una libraria deffíciet in alia adimpleatur. Eidem studio Avenionensi damus pro una libraria ibidem incipienda totum corpus juris civilis (2) quod est in uno volumine, item 28 libros cum suis repertoriis, qui fuerunt compilati per d. Œgidium Bellemere, episcopum Avenionensem; item Gaufridum de Salinaco (3) in septem voluminibus super infortiato; item bibliam primam quam habuimus; item concordantias (4) bibliæ. De aliis vero libris juris canonici et civilis quos tempore mortis nostræ habebimus, volumus quod dictæ librariæ Aurelianensi remaneant. Item eidem librariæ Aurelianensi damus omnes libros quos habemus in duabus capsis in Anico (5), et eidem studio Aurelianensi damus etiam debitum in quo abbas sancti Benedicti supra Ligerim nobis tenetur pro aliis libris emendis et in libraria nostra ponendis loco supradictorum librorum quos studio Avenionensi legamus antedicto. Item legamus officio cameriaratus collegii dd. cardinalium cui præsumus, videlicet magnum librum conciliorum, una cum alio parvo libro etiam conciliorum, scriptum in papyro; item librum censualem quem emimus ab exequutione domini Prænestini, una cum abbreviatione ejusdem additione Taxarum, item magnum librum cœrimoniarum scriptum in pergamino, una cum

(1) *Bacallaritus*, dans l'expédition originale.

(2) *Hujusmodi corpus juris gentilitiis domini cardinalis insignitum servatur adhuc in Archivio Universitatis, de quo sic scribitur in veteri inventario : De hoc alias fuerunt reperti septem centum ducati aurei.* (Note de Suarez). — Les armes du cardinal de Saluces étaient : d'argent au chef d'azur.

(3) *De Salvico.* M[t] du f. N. Malet.

(4) *Cordantias*, dans l'expédition originale; le registre donne : *concordantias*, comme Suarez.

(5) Il y a : *In Anico* dans les trois manuscrits. Faut-il voir là une faute du copiste du testament original et lire : *Avigo*, forme latine d'Avignon, d'après Du Cange ?

libris cærimoniarum scriptis in papyro; item librum pollicicii (1) et ordinationum totius anni solitum servari tempore domini Innocentii VI; item rationale missæ papalis; item processum Pisanum una cum attestationibus contra Petrum de Luna et Angelum de Corario de papatu contendentibus, qui libri tenentur in libraria Avenione per nos ordinata, sic quod quando collegium indigebit, possit facere copiam; de libris autem nostris nolumus quod aliquid vendatur, sed qui non sunt per nos legati dividantur inter librarias Avenionensem et Aurelianensem; item de ceteris bonis nostris mobilibus restantibus ordinamus et volumus quod in tres partes dividantur, et una pars sit pro studentibus et librariis Aurelianensi et Avenionensi, secunda sit pro religiosis, tertia pro pauperibus puellis maritandis et aliis pauperibus scholaribus juvandis et aliis pauperibus distribuenda prout videbitur expedire, nec volumus ad alios usus quacumque auctoritate particulari [distrahantur]. Item cum pro exequutione nostra complenda certam vassellam nostram una cum aliis negotiis nostris usque ad valorem trium millium florenorum reservaverimus et supervenerint casus de novo quod predictam pecuniam oportuerit nos dependere pro redemptione castri S. Laurentii de Viennesio, quod tenebat dominus Bousicaudus Le Mengre, ut in concordia super hoc habita plenius continetur, et nisi concordassemus dictum castrum perdebamus, cum esset in manu forti et potenti. Unde sepe sollicitati et moniti per amicos nostros ut ad redemptionem dicti castri procederemus, eisdem amicis credentes et adhærentes predictam pecuniam 3500 (2) florenorum exposuimus quæ debebat esse pro complemento nostræ exequutionis. Unde nos nolentes animam deffraudare, nec legata per nos instituta diminui et alia omnia inhærentia dictæ exequutioni admitti, volumus dictum castrum S. Laurentii esse in manu exequutorum nostrorum, et de emolumentis ejusdem compleri quæ deficient, et si infra septennium dominus terræ et baroniæ Authonis dictum castrum non redemerit, volumus quod pure et simpliciter

(1) L'expédition originale donne la même forme. Le registre dit : *policii.*

(2) Plus haut il est seulement question de 3,000 florins ; il y a donc une erreur de copie pour l'un ou l'autre des deux chiffres.

dictum castrum S. Laurentii verdatur, et de pecuniis inde habitis quod supererit... de exequutione nostra fiat; quod si superessent pecuniæ, completa voluntate nostra, dividantur in tres partes, ut superius dictum est, cum aliis bonis nostris mobilibus.

« In omnibus vero aliis bonis nostris mobilibus et immobilibus, juribus et actionibus, et potissimum in tota terra quam tenemus et habere debemus et nobis pertinet in toto Delphinatu, cum omnibus juribus et actionibus occasione ejusdem nobis *competentibus et competituris, de quibus supra non disposuimus*, vel infra disponemus, heredem nostrum universalem et ore nostro proprio nominamus charissimum nepotem nostrum Bertrandum de Saluciis, filium inclytæ memoriæ domini Hugonis de Saluciis, germani quondam nostri, volentes et ordinantes quod suprascriptus hæres noster clamores et forefacta, debita et legata nostra pacificare et cedere teneatur, et etiam exequutoribus nostris in solvendis et exequendis legatis et debitis patientiam præstare. »

Post cujus quidem quartini papyri, testamentum dicti domini cardinalis Amedei de Saluciis testatoris, sive ejus ultimam voluntatem testamentariam in parte continentis lecturam, idem dominus cardinalis Amedeus de Saluciis, testator nominavit ore proprio Bertrandum de Saluciis heredem suum universalem : « Dilectum charissimum nepotem nostrum Bertrandum de Saluciis, modis, formis et conditionibus supra et infrascriptis, heredem nostrum universalem instituimus, et iterum ore nostro proprio nominamus. Item super clausulam dicti testamenti exequutorum declaramus sic : videlicet volumus, facimus et ordinamus nostros et dicti testamenti nostri exequutores, videlicet reverendos patres in Christo dominos Franciscum Narbonensem domini nostri papæ camerarium, Amedeum Lugdunensem archiepiscopos, necnon dominos magistros Hugonem de Genasio decanum Valentinum, Joannem Pernetti Bisontinum, Joannem de Nemoribus Baiocensem et Aniciensem, et Lambertum de Saussiaco et de Matignone Aniciensem canonicos, cum omnimoda potestate eisdem et duobus ex ipsis habenda; protectores autem nostræ exequutionis et summos exequutores nostris presentis testamenti ultimi facimus et ordinamus reverendissimos in Christo patres dominos cardinalem Ostiensem, dominum cardinalem Cameracensem, dominum cardinalem de Fuxo, dominum camerarium domini nostri papæ, et dominum Lugdunensem archiepiscopum, sic quod isti supradicti exequutores habeant ad dictos supranominatos cardinales et prælatos recursum, et ab ipsis in agendo auxilium petant et favorem. Præsens autem testamentum nostrum, sive nostram ultimam voluntatem et ordinationem valere volumus jure testamentorum aut codicillorum, quod si non valeat, valebit jure codicillorum, volumus, etc.

« Vos autem Joannem Girardi et Falconem Pasyni, notarios publicos infra scriptos et vestrum quemlibet requirimus et rogamus quatenus præsens nostrum testamentum sive ultimam voluntatem et ordinationem, in formam publicam redigatis et vestrum quilibet redigat, et deinde conficiatis et vestrum quilibet conficiat unum vel plura toties quoties fueritis requisiti, etc., requirimus et rogamus vos Joannem de Nemoribus, et Lambertum de Saussiaco, Nicolaum Cauler, Ludovicum de Loandes, Joannem Sauvini, Michaelem Castelli, Guillelmum Aynardi, Antonium de Orto, et Stephanum Garnerii, omnes simul et quemlibet vestrum, quatenus hujusmodi testamenti nostri sive nostræ ordinationis et ultimæ voluntatis sitis testes fideles, cum fueritis requisiti, verum et fidele super hoc præbentes testimonium veritatis. »

Acta sunt hæc in prioratu sancti Donati Viennensis diocesis, in camera parvæ turris, quam idem dominus Amedeus cardinalis de Saluciis testator tunc inhabitabat, die, mense, hora, anno, indictione et pontificatu quibus supra, ac præsentibus quibus supra testibus, per ipsum dominum Amedeum cardinalem testatorem ad hæc vocatis, requisitis specialiter et rogatis.

Ego vero Falco Pasyni de S. Helentio, habitator sancti Donati Viennensis diocesis, clericus, auctoritate imperiali notarius publicus, hanc præsentem clausulam quondam de testamento dicti domini cardinalis Saluciarum quondam per me notarium innotans, una cum dicto magistro Joanne Girardi, notario publico mecum adjuncto, recepto, expressi, scripsi et grossavi et in hanc formam publicam redegi manu mea propria, factaque ex archivio universitatis studii Avenionensis diligenti collatione cum nota originali testamenti dicti domini Amedei de Saluciis cardinalis testatoris, signoque nostro tabellionali consueto signavi, rogatus per honorabilem virum Georgium de Fontanillis thesaurarium civitatis Avenionensis, nomine studii ejusdem civitatis, fideliter tradidi.

(S.) Falco Pasini.

(Bibliothèque nationale, fonds Suarez, 8972, f° 14.)

www.ingramcontent.com/pod-product-compliance
Ingram Content Group UK Ltd.
Pitfield, Milton Keynes, MK11 3LW, UK
UKHW020437230726
13925UKWH00004B/1742